斯坦福教育学博士告诉你

# 32个改善

图画版

# 教育孩子的方式

陈美龄 著

紫荆文化集团有限公司

大同出版传媒有限公司　广东大音音像出版社

图书在版编目（CIP）数据

　　斯坦福教育学博士告诉你 32 个改善教育孩子的方式：图画版 / 陈美龄著 . -- 深圳：大同出版传媒有限公司，2025. 6. -- ISBN 978-7-5233-0104-3

　　Ⅰ . G78-49

　　中国国家版本馆 CIP 数据核字第 20259TC022 号

斯坦福教育学博士告诉你 32 个改善教育孩子的方式（图画版）
SITANFU JIAOYUXUE BOSHI GAOSU NI 32 GE GAISHAN JIAOYU HAIZI DE FANGSHI (TUHUA BAN)

出 版 人：应中伟
出版统筹：杨　俊

策划编辑：高靖雯
责任编辑：霍　芳
美术编辑：杨诗韵
营销编辑：李珍妮
校对编辑：江绮华　欧晓娟
插　　画：姜小姜 poing

----------------------------------------------------------------

出　　版：大同出版传媒有限公司
网　　址：http://www.grandunity.com.cn
邮　　箱：datongchuban2022@163.com
发　　行：大同出版传媒有限公司
地　　址：深圳市南山区卓越前海壹号 T1 座（邮编：518101）
联系电话：0755-61368295
印　　刷：深圳市雅佳图印刷有限公司
开　　本：787 mm×1000mm　1/16
印　　张：9
字　　数：109 千
版　　次：2025 年 6 月第 1 版
印　　次：2025 年 6 月第 1 次
定　　价：59.90 元

# 前　言

大家好，我是陈美龄。

我是一个歌手、一位作家，也是大学教授，更是三个儿子的妈妈。

每一位父母都是爱孩子的，希望孩子身心健康、勤勉学习、尊重长辈、开心成长。但有很多时候，我们会无意中说一些伤害孩子的话，或做一些会影响孩子成长的行为。虽然是用心良苦，却会令育儿过程增加不必要的问题。

本书旨在从儿童心理学和教育学的视角，对一些常见的教育情景进行深入剖析，并提供科学实用的亲子沟通方法。教育孩子是家长成长的好机会，育儿自育，家长用智慧的方式去培养孩子，孩子也会在潜移默化中成为一个"好学""自学""活学"的人。家长的一些反省和改变，会让孩子有很大的得益。希望这本书里面的 32 个小故事能改善您和孩子的关系，让你们的每一天都充满温暖和活力、阳光和希望。

# 目 录

家

Family

第三章

第一章

# Intelligence

# ✗ 家长不要这样做

美龄博士 解说

　　好奇心是激发孩子好学的基本条件，**所以当孩子提问题的时候，父母不可以说"等一下"或嫌麻烦，否则就会降低孩子的好奇心。**好奇心一旦降低，孩子就很难积极地自主学习了。

　　因此，当孩子提问时，**父母应首先表扬孩子的提问，肯定孩子的好奇心，随后和孩子一起去寻找答案。这种方式不仅能激发孩子对知识的渴望，还能培养他们勤奋好学的精神。**在这个故事里，妈妈看到锅里的菜变得有些糟糕，但她并不介意。因为她知道，当孩子发问时不可以说"等一下"。

**家长不要这样做**

# 家长应该这样做

## 美龄博士 解说

　　不要拿孩子与别人作比较，否则会降低孩子的自我肯定能力。自我肯定能力低的孩子会缺乏信心，待人处事不顺利，学习能力也难以提高。父母应当以包容的心态接纳孩子的优点与不足，尽量让孩子发挥他的潜力。孩子需要相信自己的能力，感受到自己是有价值的人，才能健康成长。

　　若要比较，就让孩子跟自己比较，"今天的我是否比昨天的好？为了明天能做得更好，今天可以准备些什么？"这种比较是正面的。孩子能否充满自信地接受人生里的挑战，取决于父母是否接受和欣赏孩子。

# 家长不要这样做

# 家长应该这样做

# 美龄博士 解说

孩子做作业拖拉，可能是不明白做作业的意义。作为父母，我们应该耐心地向孩子解释完成作业的意义，同时表达出我们愿意接纳他们做作业的速度，而非责备。父母要让孩子明白，能够接受教育、有作业可做，是一件幸福的事。我们自己要改变思维，不要让孩子觉得做作业是一件辛苦的事情，要把喜悦带入做作业的过程中，那么孩子就会逐渐养成自觉完成作业的好习惯了。

# 家长不要这样做

## 美龄博士 解说

　　孩子不喜欢阅读，可能是因为还没有找到他们真正感兴趣的书籍。因此，家长可以创造机会，让孩子探索和发现自己喜欢阅读的书籍类型，比如，带孩子到图书馆、书店，让他们自由选择。一旦孩子找到了自己感兴趣的书籍，他们自然会喜欢上阅读。家长要避免规定孩子阅读什么书，否则孩子会对阅读产生抗拒。每个孩子都不一样，家长要让孩子自由选择，投其所好。

**家长不要这样做**

让每天的安排充满期待

> 快点做作业，否则就不能按时吃饭了！

每天按照固定的作息时间，上学、做作业、吃饭、睡觉……生活真是枯燥无味。

> 真没劲……难道我的人生就要这样无聊地过下去吗？

## 美龄博士 解说

　　为了孩子身心健康地成长，父母不应让孩子的生活完全遵循严格的时间表。枯燥单一的生活对孩子的大脑发育有负面影响，因为会降低大脑内突触的增长。而且同样的每一天会令孩子觉得生活没有乐趣，心情低落，做什么事情都不积极。

　　被动式的生活会令孩子失去主动性，所以家长应该尽量为孩子安排不同的每一天。每天为孩子创造一些惊喜，让他们对每一天都充满期待。这样的做法不仅能提高他们的学习能力，促进他们大脑的发育，也能改善您和孩子的生活质量。人生应该是充满希望的，为孩子创造美好的每一天吧！

**家长不要这样做**

为孩子培养良好的饮食习惯

## ✔ 家长应该这样做

妈妈留了纸条

宝贝：冰箱里有面包，你回来后喝点牛奶，妈妈很快就下班回来。

补充能量

回房写作业

牛奶对身体好，我们要少喝碳酸饮料……

因为碳酸饮料通常含有高量的糖分，长期饮用可能导致肥胖、蛀牙，甚至会影响骨骼发育哦。

晚餐时

嗯。

## 美龄博士 解说

　　饮食教育是父母能送给孩子一生的宝贵礼物。懂得如何去选择健康的食物，不仅对身体有益，还能稳定情绪、提升专注力和改善睡眠。家长不要给孩子喝太甜的碳酸饮料和吃零食，应争取和孩子一起吃饭，在餐桌上教导孩子如何去选择适合自己的食物，教育孩子从小养成健康的饮食习惯，这将让他们终身受益。

## ❌ 家长不要这样做

# 美龄博士 解说

　　父母应让孩子有机会经历失败，并鼓励他们通过提高自己的能力去追求更好的结果。如果家长不切实际地过度夸奖孩子，可能会导致孩子变得自大、不能接受失败，为了避免失败而不敢挑战自我，这是非常可惜的事情。让孩子体验到失败时的痛苦，才能让孩子真正感受到成功时的喜悦。孩子会明白失败并不是一件坏事，而是成功过程中的必经之路。

# ✕ 家长不要这样做

宝贝穿这套。

宝贝吃这个。

你喜欢的芒果冰激凌。

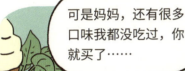

可是妈妈，还有很多口味我都没吃过，你就买了……

快走吧，电影要开场啦！

妈妈，我想看这部。

我已经提前买好另外一部适合你的了。

我的想法一点都不重要，妈妈都不理会我的建议，以后都不用思考了，都听大人的……

# 美龄博士 解说

　　选择的能力不是遗传的，而是需要训练的，因此父母不应为孩子做选择，一定要在日常生活中让孩子得到选择的训练，让他们有权利自己做出选择。孩子选择错了，要让他们承担结果，这样孩子能体验到失败的苦楚，学会反省和培养毅力。孩子选择得好，会得到高度的成就感。

　　父母绝对不要事无巨细地为孩子做所有决定，否则孩子长大之后也不能做出理想的选择，从而导致人生充满挫折。人生是每天选择的总结，为了孩子的一生，父母必须给孩子做选择的机会。

# ✕ 家长不要这样做

妈妈说得对。

有点不好意思

明天爸爸休假，和你去公园一起练习好吗?

好的。

你们真是好搭档!

鼓掌

一次比赛输了没关系，参与的过程更重要!有爸爸妈妈的支持，我一定会变得越来越好。

## 美龄博士 解说

　　家长不要太重视孩子的表现结果或比赛结果，因为重要的是过程而不是结果，鼓励孩子享受过程比得到好的结果更重要。

　　家长太看重结果，若孩子不能达到家长的要求时，孩子会觉得沮丧，失去信心并怀疑自己的价值。这不但会降低他们对学习的兴趣，而且会直接影响他们的成绩。所以，家长应注重孩子的进度，提高他们的自我肯定能力，让孩子随着自己的速度去成长。当孩子知道家长支持自己去学习探索时，他们不用担心失去家长的欢心，也能安心地去追求更好的结果。

## ✕ 家长不要这样做

美龄博士 解说

　　为了培养孩子的聆听力、理解力和发表意见的能力，家长需要让孩子参与大人的谈话。因此，一家人在一起吃饭的时候，是锻炼孩子各种能力的好机会。所以，家长不要看手机或看电视，要鼓励孩子积极参与讨论，让孩子习惯聆听别人的想法，构思自己的意见，并且用自己的方式表达出来。这样的过程无形中能锻炼孩子的多项学习能力，当孩子上学时，他们也能展现出老师要求的上课态度。

## ✕ 家长不要这样做

不断给孩子提供各种知识

# 家长应该这样做

## 美龄博士 解说

　　日常生活中，家长会忽略很多可以让孩子学习知识的好机会。逛商场也好，坐公共汽车也好，其实有很多事情都可以告诉孩子。孩子缺乏自学能力，往往是因为大人没有给他们机会去探索自己感兴趣的知识，从而让孩子的大脑"停顿"，表现为做事拖拉、缺乏思考等。

　　孩子的成长需要新鲜的体验和挑战，父母应该为孩子提供更多思考和学习的机会，不断给他们的大脑灌输营养。通过这样的方式，孩子做任何事情都会更加积极，也能更好地发挥自己的能力。所以，家长应该抓紧各种机会去给孩子灌输各种不同的知识。

# 家长不要这样做

美龄博士 解说

　　我们应该培养孩子拥有成长思维，而非固定思维。固定思维是指认为自己的能力是天生的、无法改变的，而自己的价值也是取决于这些天生的条件。这是错误的想法，因为无论现在面对的情况如何，每个人都有成长的空间，无论是外表、性格还是学习能力。

　　作为父母，要让孩子相信自己拥有无限的成长潜力，多鼓励孩子开心学习，让他们相信今天可以比昨天更好，明天又可以比今天更进一步。

第二章

爱

Love

❌ **家长不要这样做**

第二章

从小培养孩子的公德心

妈妈很无奈，只能跟着捡……

从小培养孩子的公德心　53

不可以随地扔东西啊!

要是每个人都这样做,整个城市都会变成垃圾场的。

来,把纸捡起来,我们找个垃圾桶把它扔掉吧。

宝贝,你做得太好了!

以后我们要是看到地上有垃圾,也应该捡起来放进垃圾桶。

不乱扔垃圾,这是公德心。

我明白了,妈妈。

# 美龄博士 解说

　　无论孩子年龄大小，家长都有责任向他们灌输公德心的意义和重要性。孩子都渴望做正确的事情并得到认同，所以家长可以清楚、明确地向孩子解释哪些行为是正确的，哪些是错误的。做错时要耐心指导，做对了要表扬鼓励。通过培养孩子的公德心，孩子能学会保护环境、爱己爱人。

**家长不要这样做**

帮助孩子主动地去交朋友，从弱变强

妈妈，我交不到朋友……

没有人愿意跟我玩……

没事没事，慢慢就可以交得到的。

看来妈妈也帮不了我，我是不是一个很没有价值的人？

# 家长应该这样做

　　人的本性都是希望能感受到自己是有力量去帮助他人，和被他人需要的。基于这种心理，父母应该让孩子体验帮助他人的喜悦，意识到自己是有能力去帮助他人。若孩子比较敏感和玻璃心，让孩子去帮助他人可以令他们的内心变得强大。从此，孩子就不再是无助的弱者，而是能够给他人带来快乐的强者。当孩子发觉到自己的力量后，就不会那么怕事，而会积极地帮助他人，在这个过程中交到好朋友，收获自信心。

# ✕ 家长不要这样做

## 美龄博士 解说

　　发脾气是孩子表达需求的一种方式，孩子发脾气是因为希望得到家长的关注，希望您能满足他们的需求。如果父母每次在孩子发脾气的时候都选择顺从的话，孩子就会继续用发脾气的方式来控制家长的反应。

　　因此，当孩子发脾气时，父母应该平心静气地向孩子表明那不是表达自己需求的好方法，也不能达到他们希望得到的结果。家长可以给孩子一些选择，让他们决定如何去解决问题，强调要好好表达才能获得满足。通过这种方法，孩子会逐渐明白，有要求时应该要和父母商量，而不可用发脾气来获得想要的东西。

# ✗ 家长不要这样做

同理心是幸福人生的捷径

完全没有留意到需要帮助的奶奶……

## 美龄博士 解说

　　培养孩子的同理心是让他们拥有幸福人生的捷径。因为从心理学上来说，帮助别人能提升自我肯定能力，感觉到人生的意义和精神上的满足感。

　　幸福的定义在于每一个人的想法，但拥有同理心并积极帮助他人的人，往往比自私且孤独的人更能感受到快乐。如果家长希望孩子能够幸福快乐，就应该以身作则，培养孩子关心他人的习惯，多给孩子制造机会去感受帮助他人所带来的快乐。每日一善，人生会特别充实。

## 家长不要这样做

第二章 17

教孩子学会接受和欣赏差异

教孩子学会接受和欣赏差异　69

妈妈，今天学校来了一位新同学，他的皮肤很黑……

哦，是外地来的同学，太好了！你有没有欢迎他，问问他的家乡在哪里呀？

他跟我不一样，我不想和他交朋友。

世界上有很多不同的人种，你有机会认识新朋友，为什么要放弃呢？

我喜欢找和我一样的朋友玩。

宝贝，我们来想一想……

美龄博士 解说

　　面对全球化的时代，我们应当教育孩子接受和欣赏差异，与不同背景的人进行交流，平等地对待每一个人。家长应引导孩子理解，差异是人生的馈赠，能让生活变得更加丰富和有趣，这种价值观需要从小培养。

　　要是大人拥有歧视他人的心理，那么孩子就很容易会模仿大人的行为。长大后，孩子可能会歧视他人或成为被歧视的对象。排斥的心态是得到幸福人生的障碍，为了让孩子能爱己爱人，从小培养孩子接受和拥抱差异，是现代父母的重要课题。

# ❌ 家长不要这样做

要帮助孩子克服害羞

美龄博士 解说

　　**孩子害羞，表示他们是聪明的。**他们会在意他人怎么看自己，害怕他人的反应，也不知道如何去表达自己，所以很谨慎。但太害羞会令孩子失去获得好缘分的机会，这是很可惜的。因此，父母需要帮助孩子改善害羞的心态，应避免责怪害羞的孩子，而是要明白和接受他们的想法，用耐心和具体的方法去帮助孩子克服害羞之心。

　　家长可以提议各种方式让孩子去采用，让他们能拿出勇气和他人交流。当孩子能感受到和别人交流的快乐时，他们会逐渐变得大方，也能更好地表达自己。

# 家长不要这样做

爸爸真的很爱我啊，明明自己头痛也要信守诺言，我在爸爸的心中一定非常重要……

美龄博士 解说

　　当我们对孩子许下了诺言时，一定要遵守。**因为父母应该是孩子最信赖的对象，所以父母不要轻易地反悔或不守诺言，否则孩子会觉得自己在您的心中不重要。**长此以往，他们会很难去相信别人，更可能会变成一个不守诺言的人。

　　要是孩子变成一个不守信用的人，他们不会受人信赖或尊重，也不会受人支持，那么人生一定不会很顺利。所以，如果我们想让孩子成为一个诚实且受人信赖的人，那么作为父母，绝对不能不守诺言。

# ✕ 家长不要这样做

嗨，好巧呀！

嗯，今天是家庭日。

小朋友也一起来买菜啊，好棒哦！

宝贝，快跟阿姨打招呼。

阿姨好！

阿姨您好漂亮啊！

谢谢，我先走啦。

哇，糟糕……

什么漂亮不漂亮！真讨厌，她真的以为自己是美女啊。

妈妈刚才明明那么友善！为什么阿姨一走她就生气呢？

阿姨也确实很漂亮呀！

## 美龄博士 解说

　　家长绝对不要在孩子面前说别人的坏话，孩子不但会感到困惑，更会模仿这种行为。我们希望培养孩子不会在别人背后说坏话，能欣赏别人的长处，包容别人的短处，不拿自己和别人比较，集中精神提升自己。那么做父母的，就要以身作则，做到不妒忌、不歧视，不对他人产生恶意的想法。要是伴侣说出了伤害他人的话，我们要提醒对方，这种行为是不能够接受的。

　　父母做出的行为，孩子会认为自己也可以做。所以做了父母后，一定要尽量改正自己的负面思维和坏习惯，让自己成为孩子学习的最佳典范。

第三章

Family

## 家长不要这样做

## 家长应该这样做

宝贝们，故事时间到！

赶快到床上来，继续我们的《企鹅大冒险》吧！

好！

好耶！

这次，企鹅妈妈来到了第七个国家……

你们可以给我三种东西，我会加进今天晚上的故事里！

# 美龄博士 解说

　　**为孩子创作独一无二的故事，可以激发孩子的想象力。**因为在聆听故事的过程中，没有图画，也没有文字，孩子需要在脑袋里创造出自己的世界，即使身边没有任何东西，也可以进行创作，这个方法能有效训练孩子的想象力和创造力。

　　在 AI 时代，想象力和创造力是最重要的能力之一，从小培养孩子跳出框架思维，对他们应对未来的挑战大有帮助。同时，父母为孩子创造故事，还能让孩子感受到父母的爱和关注，为孩子创造美好的回忆，进一步加强亲子关系。

## ✕ 家长不要这样做

妈妈，我考到 95 分，你快点给我 10 块钱！

下次我再考到高分，你就要给我 15 块钱……

否则我就不用心读书了！

……

考高分是为了自己好，不是为了金钱啊！

没有奖励，为什么要读书？

真后悔啊，早知如此，当初就不应该用现金奖励孩子了！

## ✓ 家长应该这样做

## 美龄博士 解说

　　父母不应该用金钱作为激励孩子做事的手段，否则没有物质的奖励，孩子就会觉得做每一件事，若没有奖赏，就没有意义。长此以往，孩子会变得讨价还价、斤斤计较，也会变成小心眼的人。

　　父母应该奖励孩子的努力和做事的过程，而非结果，也要指出做好一件事得到的满足感，就是最好的奖励。若要给孩子奖励的话，可以是亲子交流，共度温馨的时光，这样不但能促进亲子关系，而且还能让孩子知道，最珍贵的东西并非物质，而是金钱买不到的东西。

快点起来!

惊

马上去洗脸、换衣服和吃早餐,要上学了!

为什么你老是这么拖拉?

还没起床就好像已经做了错事,每天都要花心思去避免被妈妈责骂,真的很不开心,很难受。

# 美龄博士 解说

　　家长们往往希望孩子能养成良好习惯，很多时候只会看到孩子做得不好的事情，而忽略了孩子做得好的地方，不知不觉中时常用责备的方式去教导孩子，这种育儿态度和方式会让孩子的每一天都充满负面情绪。长此以往，孩子会对自己失望，厌恶生活。有些孩子会变得叛逆，有些则会变得内向、做事拖拉，只寻求短时间的刺激。

　　因此，当父母的要尽量看见孩子好的一面，给予孩子正能量，让他们对生活抱有希望和期待。这不仅有助于他们的身心健康，也能提升孩子的自信心和学习能力，更能令孩子感受到您的爱和家庭的温暖，从而能安心地去追求自己的梦想。

# ❌ 家长不要这样做

不要骂，更不要动手打孩子

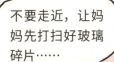

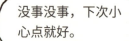

# 美龄博士 解说

孩子做错事，是教导孩子的好机会。**不要发脾气或打骂孩子，因为您会损失一次教导孩子的机会，这是非常可惜的。**如果选择打骂，孩子会因为怕痛或受责备而立刻认错，但他们可能并没有真正理解自己做错的地方。

父母应当平心静气地问孩子为什么不能做那件事，引导孩子自己反省，让他们明白过失所在。**如果孩子不知道为什么不能做，父母可以耐心解释原因，告诉孩子如何改过，这样他们就不会重复犯错。**否则，孩子没有真正明白或不服气的话，当父母不在时，他们还是会重复犯错。打骂孩子会伤害亲子关系，孩子会觉得爸爸妈妈在用力量来惩罚和控制自己，亲子间的距离也会越来越远。所以，父母千万不要打骂孩子。

**家长不要这样做**

## 美龄博士 解说

当父母把孩子交给祖父母照顾的时候，难免会出现一些观念上的分歧。想改变祖父母的想法，通常是比较困难的。作为后辈，指责长辈也不是太理想的做法。家长的目标并不是要改变老人家的想法，而是希望孩子能成长得好。因此，家长和孩子之间的沟通才是最重要的事。**只要孩子明白您的教育理念，知道父母爱他，任何事情都可以和您商量，那么无论其他人怎么说，或向孩子提出相反的观点，孩子也不会相信或动摇。**

家长需要教导孩子既要尊重祖父母，又不要轻易地受祖父母的影响。当祖父母的做法和父母的想法发生矛盾时，孩子能立刻和父母商量。**无论周围的人际关系如何，您和孩子之间的沟通始终是最重要的。**

**家长不要这样做**

## 美龄博士 解说

　　很多父母想了解孩子一天的经历时，往往只是单方面提问，而没有分享自己的经历。然而，沟通是双方面的，您想知道孩子的一天，那就要先主动分享自己的一天，积极讲述有关自己的话题，孩子才会愿意和您分享自己的事情。

　　大人不要只是听，也要分享，这才是真正的交流。养成良好的沟通习惯，孩子才会愿意向您说出心中的话，也能了解爸妈的想法和心情。这不仅能建立良好的亲子关系，更能让孩子觉得您是可以帮助他解决问题或理解他想法的对象，那么家长便能及时解决孩子在成长过程中遇到的各种问题了。

**家长不要这样做**

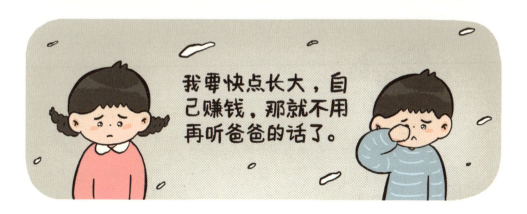

不要把亲子关系变成利害关系

美龄博士 解说

　　作为家长，绝对不要把亲子关系变成利害关系。父母选择了生孩子，那么在孩子尚不能自立的时候，养育他们是父母的责任。然而，如果父母总是强调孩子是无助的，必须要服从给他生活费的人，孩子心里并不会觉得好受。

　　如果家长希望孩子尊敬、爱护和孝顺自己，那么您就需要用知识去说服他，用全力去支持和保护他，否则孩子不但不尊重您，还会在心里觉得爸爸妈妈只会用权力和金钱来控制自己，从而产生逆反情绪。等孩子长大之后，不需要您抚养他时，想再维持良好的亲子关系就十分困难了。家是基于爱，基于关心，基于互惠的，不要把利益得失带进亲子关系里。

# ✗ 家长不要这样做

培养孩子一起做家务

周末

我吃好了。

我也吃好了。

父母一直在做
大扫除

孩子们一直
在看电视

父母觉得孩子学习也辛苦,让他们休息,不用做家务,孩子觉得家务是大人的事,和自己无关。

## 美龄博士 解说

　　父母出于疼爱孩子，不想孩子操劳，不要求孩子分担家务，认为孩子只要专心读书就好。然而，这种做法并不是对孩子好，反而会让他们失去学习自立和与人共处的能力。从小要培养孩子做家务，提高他们的生活能力，那么当孩子长大后独立生活时，便不会遇到太多不必要的难题。

　　全家人一起做家务可以增强孩子对家庭的归属感，让他们意识到家人需要自己，自己也需要家人，家里的事全部都是自己的事，大家一起齐心协力，保护家庭。此外，共同参与家务还能培养孩子的责任感，让他们明白每天的生活并不是应得的，而是父母辛勤付出和操劳的结果。孩子亲身参与到家庭的运作中，潜移默化地也会拥有感恩之心。

**家长不要这样做**

# 美龄博士 解说

　　职场妈妈常常难以找到充足的时间与孩子交流，有时会觉得惭愧难受，甚至责备自己。**平衡工作和家庭，是所有职场妈妈都会面临的难题，但与孩子交流的时间不需要"长"，而是要"浓"。**

　　和孩子在一起的时候，把全部的注意力集中起来与孩子沟通，全心全意地投入，即使只是短暂的几分钟，也能把孩子一整天的寂寞一扫而光。不要一见到孩子就说"做完作业没有？""快去睡觉！"之类的话。**每次见面，尽量给孩子带来欢乐的时光。只要孩子能感受到您对他的爱和关怀，就不会感到孤单。**

# ❌ 家长不要这样做

**单独和弟弟时**

那天在公园，有人欺负你，你还记得是谁来保护你的吗？

姐姐……

对啊！姐姐对你多好，她心里是很爱你的，你有爱你的姐姐，太幸运了！

所以你要多尊重姐姐啊。

嗯。

有姐姐真好！

**单独和姐姐时**

记得那天你摔伤了膝盖，弟弟很担心，问你是不是很痛。

嗯，他还给我拿创可贴……

其实弟弟是很爱你的，你有弟弟关心自己，真幸运！要好好爱护弟弟啊。

嗯。

有弟弟真好！

要培养好的兄弟姐妹关系　　125

## 美龄博士 解说

　　兄弟姐妹之间的感情是需要细心培养的。**父母要向孩子们指出，拥有兄弟姐妹是一种怎样的幸运，给他们多一些机会去表达对彼此的爱护。**当看到孩子们之间发生冲突时，要耐心聆听争吵的原因，引导他们自己寻找和解的方法；当看到孩子们融洽相处时，要给予表扬和肯定。必要时，父母可以分别和孩子沟通，提醒兄弟姐妹之间的爱。

　　**父母绝对不能偏爱，要平等地爱每一个孩子，让他们感受到自己在父母心中都同等重要，都得到了平等的爱和关怀，**否则孩子会产生嫉妒心理，甚至变得自卑。如果兄弟姐妹感情融洽，那么当父母不在的时候，孩子们也可以互相依靠，是非常幸福的事。

**家长不要这样做**

爸爸妈妈又在吵架！

这样下去他们会分开吗？要是他们分开的话，我应该怎么办……

"整晚"没睡好

第二天早上

"不知所措"

早上也不敢问妈妈昨天晚上的事，在学校的一整天都觉得很不安……

# 家长应该这样做

妈妈晚安。

宝贝晚安。

妈妈对爸爸的一些行为很不满意，想和爸爸交谈。但妈妈知道不可以在孩子面前吵架，这会让孩子感到不安。

我有些事情想问你，但如果我们吵架的话，孩子会难受，可否心平气和地讨论一下？

到露台去谈谈吧！

嗯。

"低声讨论"

避免在孩子面前吵架，给孩子创造一个安心的成长环境，是每一对父母的必修课。

## 美龄博士 解说

　　夫妻之间难免会遇到一些问题，但为了孩子，父母绝对不能在孩子面前吵架。父母吵架时，孩子很多时候会责怪自己，又害怕爸爸妈妈会因此而分开，不知道怎么办才好，会在家长面前表现得小心翼翼，不敢表达自己的想法。长此以往，他们的学业和人际交往方面都会因压力受到影响。孩子的心理是十分敏感的，紧张的家庭气氛会带来很多负面情绪。

　　此外，家长也应避免在孩子面前说伴侣的坏话，否则孩子会觉得很迷惘，既爱爸爸，也爱妈妈，不知道如何在两者之间做出选择。所以，为了让孩子拥有一个快乐的童年，大人的问题，应该尽量在孩子不在场的情况下，心平气和地解决比较好。

# 家长不要这样做

多多创造难忘的家庭回忆

妈妈！

这三天假期，我们怎么过呀？

这周我忙得不得了，妈妈要休息一下……

你们去问爸爸吧。

"期待"

爸爸，假期怎么安排呀？

可以给你们一些零用钱，带你们到商场，你们自己买些喜欢的东西，好吗？

好啊，我最喜欢买东西了！

一家人时常利用假期去商场，各自行动，除此之外，没有其他活动。

你们逛，我在店门口等你们。

好。

# 美龄博士 解说

　　有假期的时候，家长应尽量为孩子创造美好的回忆，**因为这些回忆将会成为孩子日后遇到挫折或怀疑自己的价值时，鼓励他们继续前行和努力的动力。**

　　孩子在我们身边的时光其实是很短暂的，所以当孩子在身旁时，父母应尽量在孩子的心房里存储起各种能量，让他们踏入社会后能有足够的知识和强大的心态去面对各种挑战。其中非常有用的就是美好的回忆，**因为这当中有爱、归属感和正能量，能够让孩子重新感受到自己的价值。所以，每当假期来临时，尽量多为孩子创造一些难忘和美丽的回忆吧！**